这里是敦煌 ③

文小通 著
中采绘画 绘

文化发展出版社
Cultural Development Press

·北京·

目录

- 电神的作业 05
- 衣·汉族服饰 06
- 衣·于阗服饰 08
- 衣·回鹘服饰 12
- 衣·吐蕃服饰 14
- 衣·杂服 16
- 衣·装饰 18
- 食·主食 28
- 食·肉食 牛奶 30
- 食·蔬菜 瓜果 32
- 食·食制 34

- 食·狩猎 36
- 住·殿堂 宅院 38
- 住·动物 42
- 住·植物 46
- 住·日常洗漱 48
- 住·婚俗 葬俗 50
- 住·节俗 52
- 住·百戏 54
- 住·游戏 56
- 住·乐舞 58
- 行·车辆 客栈 60

DUN

HUANG

电神的作业

清晨,飞天来找电神玩,电神手拿毛笔,正托着腮发呆。

"你在干什么?"飞天好奇地问。

"我在写作业。"电神说。

飞天大吃一惊:"还没写完?我不过是让你写出敦煌人的衣食住行啊。"

"这就够难的了……"电神叽叽咕咕地说。

"我们不是做过调研了吗,怎么还会难呢?"

"调研的时候,我不是……不是光顾着吃肉串了嘛。"电神的声音越来越小。

"你可真是个千年吃货呀!"飞天一边用露珠洗脸一边说。

"你帮帮我吧。"电神满脸堆笑。

"好吧,谁让我们是朋友呢,我们再去石窟中调研一次吧。"

屯神嘎嘎嘎嘎开心地笑起来,驮着飞天飞去了石窟。

衣·汉族服饰

我是一个都督夫人

我出身太原王氏，是晋昌郡太守乐庭瓌（guī）的夫人。晋昌郡在敦煌东边，敦煌人都热衷于在莫高窟建窟，太守也开凿了洞窟，还在窟里画上了我们的像。万万没想到，画像一问世，就迎来大堆"粉丝"研究我们的服饰，真是让人受宠若惊啊。

侍女： 最后出场，多穿男款圆领袍，有的簪花，有的戴透额罗，也都顾盼生姿。

次女： 都督夫人的小女儿，位列姐姐身后，梳着平平的发髻，搭配几朵小花，头戴凤冠，风格清新！

唐·都督夫人太原王氏供养像·莫高窟第130窟

都督夫人：走在"红毯"最前端，发上戴着朵子、花钗、角梳等，画着桂叶眉、红唇，气场十足。

长女：都督夫人的大女儿，名叫十一娘，打扮隆重，好像母亲的"克隆版"。

唐·大势至菩萨·榆林窟第25窟

帔（pèi）子：类似于丝巾，披在肩上，翩跹华贵；中原的皇后有"凤冠霞帔"。

半臂：一种短袖上衣，只不过，它的里面要穿长袖。

交领团花襦：前襟左右相交的、带团花的短上衣。

石榴裙：颜色像石榴的长裙，是唐代的流行款式，唐诗中有"红裙妒杀石榴花"之句。

知道什么叫披帛吗？

又宽又短的叫帔子，又细又长的叫披帛。

我家太守乐庭瓌先生还算朴素，经常穿圆领长袍。这是唐朝官员的普通制服。很多文人和平民也都这样穿。

衣·于阗服饰

我是一个国王

我叫尉（yù）迟僧乌波，是于阗国的国王。我们于阗国和大唐王朝关系密切，朝廷还把国姓"李"赐给我们。我从小喜爱汉文化，当上国王后，全面模仿唐朝生活，我还给自己起了汉名，叫李圣天，又穿戴起中原天子的服饰，怎么样，是一位气宇轩昂的美男子吧？

历史学告诉你

于阗国位于塔里木盆地南缘，是西域唯一一个延续千年的古国，始终不渝地忠于中原王朝。唐朝灭亡后，于阗王李圣天仍自称"唐之宗属"，与留在西域的唐军一起抗击吐蕃，称为"西域孤忠"，可感可叹。

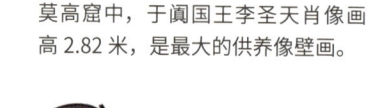

莫高窟中，于阗国王李圣天肖像画高2.82米，是最大的供养像壁画。

五代·于阗国王供养像·莫高窟第98窟

这里是敦煌 世界文化遗产

冕服

在中原皇帝的衣柜里，有很多种含义不同的衣服，冕服就是其中一种。你看我身上这件，就是冕服。

冕：一种礼帽，也叫旒(liú)冠、冕旒。

纩：也叫充耳，是悬在耳孔外的两块玉，象征君王有所闻、有所不闻。

冕服：带冕冠的礼服，天子的专有制服，只有在重大场合才能穿。

蔽膝：遮盖从大腿到膝盖部位的服饰。

绶：系佩玉等东西的丝带，不同的颜色象征不同的等级。

旒：礼帽前后悬垂的玉串，象征君王有所见、有所不见，十二旒为帝王专用。

十二章纹：绣在帝王礼服上的12种图案，每种图案都有不同的寓意。

大带：系礼服的带子，又叫绅，士大夫也可以系，"绅士"就是这么来的。

赤舄(chì xì)：天子、诸侯所穿的鞋，多为红色重底。

十二章纹

日：象征帝王，位于左肩，唐朝以左为尊。

月：象征永恒和正大光明，位于右肩。

星辰：象征吉祥和丰收，位于日月周围。

龙：象征天子、皇权。

华虫：就是红腹锦鸡，有五彩羽毛，象征文采。

山：象征庄严、稳重、神秘。

粉米：白色的米粒，象征天下丰足，肩负百姓。

藻：文藻，象征有才思。

宗彝：一对酒器，上有虎纹和长尾猿猴纹，象征忠和孝。

黼(fǔ)：斧头，象征公正、黑白分明。

黻(fú)：形如两个背对的"己"字，象征明辨是非。

火：象征生命和光明。

09

这里是敦煌 世界文化遗产

于阗王后穿什么

在此，我隆重地有请王后曹氏出场。王后是敦煌管理者曹议金的女儿，我给予她很高的地位，使她的生活奢华而舒适。你看看她穿戴的华美礼服就明白了。

曹王后有时也戴回鹘样式的凤冠，穿汉族的大袖襦裙，这种礼服是于阗国贵妇们追捧的款式。

历史学告诉你

古代中原汉族服装的前襟向右掩，叫右衽（rèn）。一些少数民族的衣服前襟向左掩，叫左衽。

莲花凤冠：有3层钗簪，镶嵌绿玉宝石。

鬓发：两鬓为抱脸髻，显得丰腴、娇小。

发饰：5枚绿色宝石，四瓣花形。

项链：隆重的5层珠玉。

礼服：少数民族左衽衣领。

鞋：华美的绣花平鞋。

于阗公主穿什么

我的第三个女儿也爱打扮,她十分推崇汉服,总是穿着高贵的唐朝礼服,豪华大气。

饰物:高耸的大莲花凤冠和5层项链上,嵌满绿玉宝石,显示出于阗产玉的特点。

花钿:效仿汉族打扮,脸上贴了很多花钿,与绿玉宝石交相辉映。

礼服:身穿汉族翟(dí)衣,为古代后妃命妇最高级别的礼服。

历史学告诉你

襦裙是典型的"上衣下裳"汉服,上身短衣,为襦;下身束裙,为裙。襦裙出现在战国,唐朝时款式多样,有齐腰款、高腰款、齐胸款。

衣·回鹘服饰

回鹘王和王后穿什么

我的王后有一个姐妹，是邻国回鹘可汗的王妃。这位王妃和回鹘可汗也追求时尚，他们有时穿戴自己的民族服饰，有时"混搭"汉族服饰，都很气派。

西夏·回鹘王妃供养像·莫高窟第409窟

翻领、窄袖、大裙身，这种宽松款在中原宫廷女性和贵妇间也很流行。

回鹘王妃和回鹘公主都是美装达人。她们把头发梳得高高的，戴着桃形冠，插上钗子和步摇，后脑勺还垂着飘带，长长的裙子拖曳在地上，走起路来十分婀娜，当然，也很费布料……

尖顶金镂高冠：仿古波斯风格，用毛毡制成。唐朝时，由波斯商人经过西域，带入中原，中原女性也很喜欢。

锦袍：圆领，窄袖，上有团龙纹，与唐朝皇帝朝服一样。

蹀躞（dié xiè）带：挂有小物品的玉带。

长靿（yào）六合靴：长筒靴，由7块皮子拼成，有6个缝，靴口可藏刀、书信等，是帝王常穿的鞋。

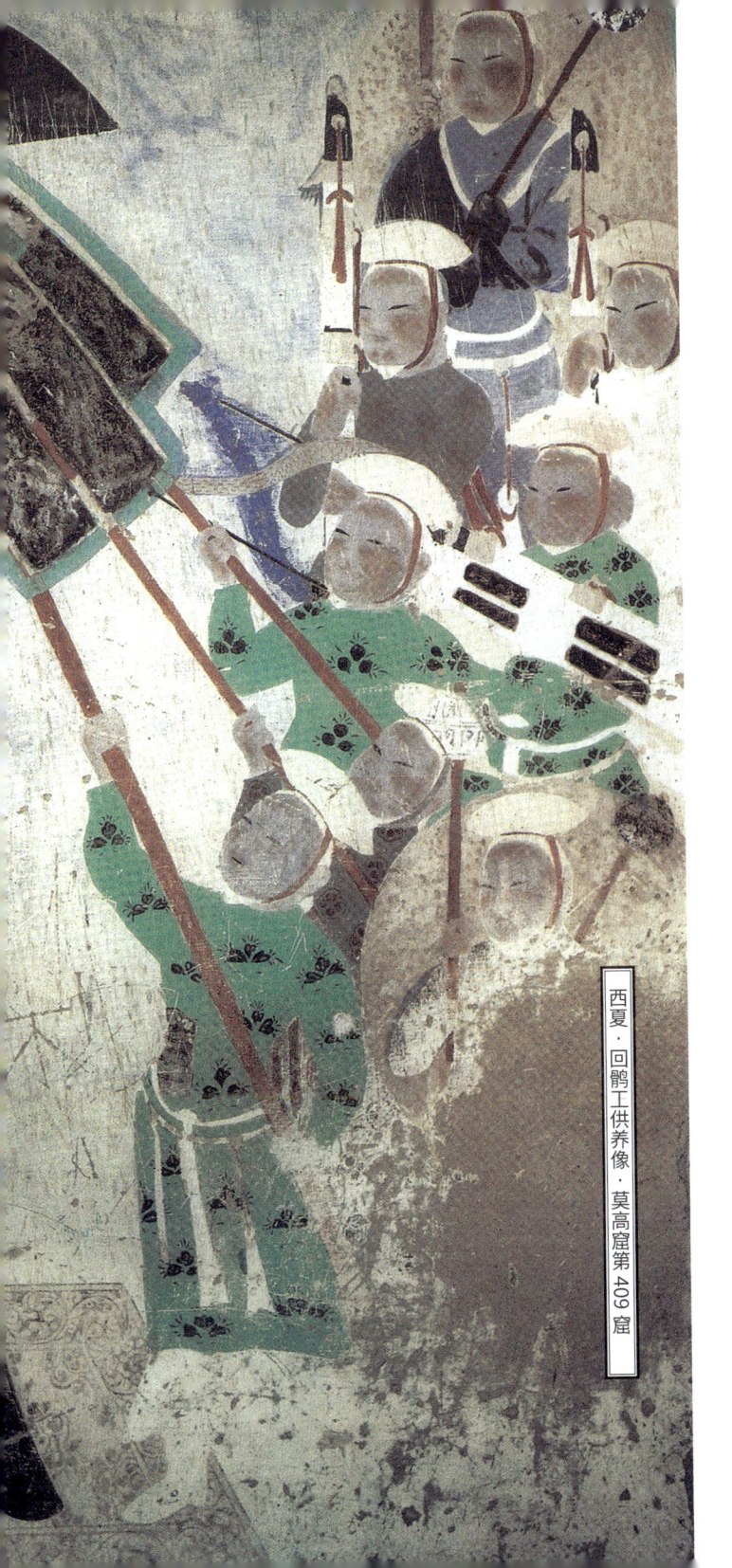

回鹘官员穿什么

回鹘官员的"工作服"大多是红色，也有绿色等。回鹘可汗很厚道，给下属用的衣料都很厚实，领子和袖子都绣有金线。只不过，可汗的锦袍上是龙纹，下属官员的锦袍上是团花，表明了尊卑关系。

西夏·回鹘王供养像·莫高窟第409窟

散花：细碎小花，显示官职较低。

蹀躞带上挂着短剑、小刀、火石、解结锥等。

解结锥又叫解针，用黄羊角尖制成，用来解绳结。

团花：显示高官身份。

历史学告诉你

蹀躞带流行于唐代，西北少数民族也喜欢佩戴，多为朝廷或节度使赠送的礼品，以示宠信。

衣·吐蕃服饰

这里是敦煌 世界文化遗产

新潮的吐蕃

我的邻居中，还有一个吐蕃国，没事儿我不爱搭理它，因为有时吐蕃首领不安分，总是侵扰大唐王朝，挑起战争。不过，在穿搭方面，吐蕃人倒还新潮，算得上时尚舞台上一颗闪亮的星。

朝霞冠：用红霞毡制成，色如朝霞，寓意霞光万道、蒸蒸日上。据说，吐蕃曾把霞毡献给中原王朝。

大翻领：有时用毛皮制成，可能与吐蕃来自青藏高原有关。那里海拔高，比较冷。

素袍：吐蕃以素色为尊，与汉族帝王的服制不同。

袖子：就快垂到脚踝，可以只穿一只长袖，袒露右肩。这种穿法可能是因为礼佛时要露出右肩（称为偏袒），表示敬意。

玉带：系着宽袍，佩有象征身份的金镂剑。

左衽：衣领的右侧压着左侧，少数民族习惯的服制。

唐·吐蕃赞普与各国王子·莫高窟第159窟

吐蕃赞普喜欢波斯装束演变而来的服饰，平时戴着朝霞冠，这种帽子不是限量款，是谁都可以戴的。而且，他还穿着素色长袍。是的，你没看错，是素色的！反而是大臣、侍从穿着花锦袍！

乌皮靴：唐朝常见鞋样。

15

衣·杂服

衣袍开衩，一直开到腰胯处，这就是缺胯衫。袍子下还穿着白裤和长靴，是为行动灵活。

半臂下面是"短裙"吗？看来它是农民叔叔的首选款式，便于干活。

穿好袴褶，梳好辫发或小丸子头，昂首挺胸，摆好姿势，自信满满！袴褶，便于骑射的游牧民族服装，褶为上衣，袴为裤子，看起来就像燕尾服。

这种条纹裤子叫波斯裤。它的裤腿上宽下窄，一般为双色相间，由波斯传入。

这里是敦煌 世界文化遗产

16

贵妇披着披巾,垂着襳褵(xiān lí),穿着间裙,衣带飘飘,好似在迎风前行。襳褵,一种装饰上衣的长带子。间裙,裙上有两种以上互相间隔的颜色。

听说过犊鼻裈(kūn)吗？就是这种款式的短裤,看起来像小牛犊的鼻子,所以叫这个怪名字。

只想说,小朋友脖子上戴着的围嘴、身上穿的"背心",直到今天也不过时。

搬砖的叔叔,这短裤在今天也是经典款啊！

衣·装饰

这里是敦煌 世界文化遗产

> 我是一个仕女

我是一个仕女，大家都夸我的发髻像洛神，这是万万不敢当的，我只是喜欢做发型而已。

峨髻：像山峰一样巍峨的高髻。

你们想想，既然已经缝制出了美丽的衣裳，如果还是披头散发，那岂不是辜负了衣裳？况且，我们的先人在石器时代就盘发成髻了，之后，发型大爆炸，各种发式被发明出来，说不清有多少种，反正比你们现代人的多就是了。

椎（chuí）髻：一种非常古老的发髻，像一把锥子，可以耸立在头顶，也可以在侧面，可以是一个"锥子"，也可以是两个或多个"锥子"。

高髻：梳发于头顶，显得端庄稳重，有时会用到假发。

回鹘髻：回鹘女子酷爱的发型，就是把头发都束在头顶，扎成一个"大丸子"。

双环望仙髻：把头发分成两股，弯曲成环状，高耸于头顶或两侧，仿佛眺望仙人一样。

双垂髻：在头的两侧，将头发分成两部分，各自盘卷成一个垂髻。未成婚的女子或侍女、童仆等经常梳这种发式。

半翻髻：看起来就像翻卷的荷叶，别有情趣。

抛家髻：头顶束起一个"小鼓包"，两鬓蓬松，据说这种发型是隐喻安史之乱后，百姓抛弃家园，流离失所。

百花髻：宛若盛开的花朵。

用什么"美颜"

光有好看的发型还不够,我也喜欢化妆。实话告诉你们,我们古代女子几乎都是"美颜"能手,懂得很多种"美颜"秘方呢。

脸上涂着素粉,不施胭脂,发上也无簪钗,素妆如洗,别有一番自然妩媚。

姐姐的脸上晕染着蛋形腮红,就像一首敦煌曲子词描绘的"翠柳眉间绿,桃花脸上红"。

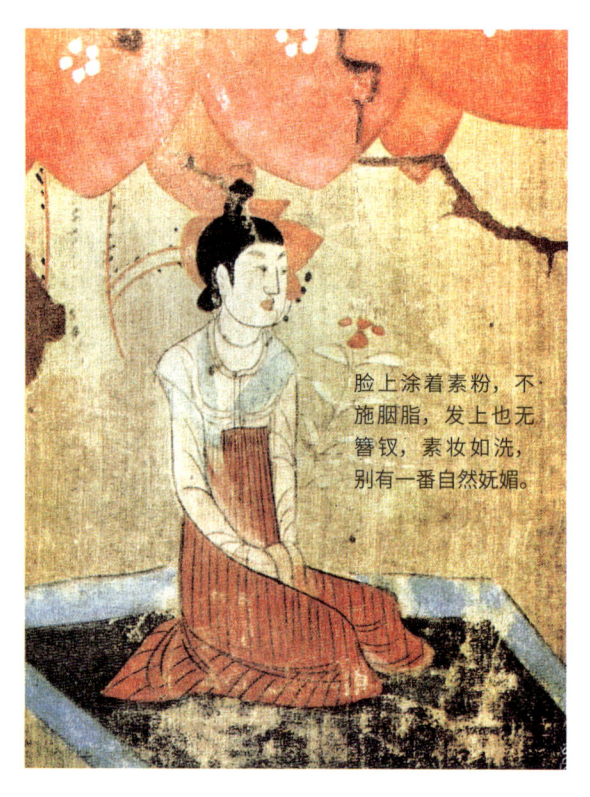

胭脂: 你能猜出胭脂是怎么制作出来的吗?先摘来红花(红蓝花),放在石钵中杵捣,淘去渣滓,剩下红色汁液,就可以用丝绵蘸着涂抹腮红了;也可以把花汁制成固体小薄片,加入牛髓、猪胰等物,能制成稠密润滑的脂膏。

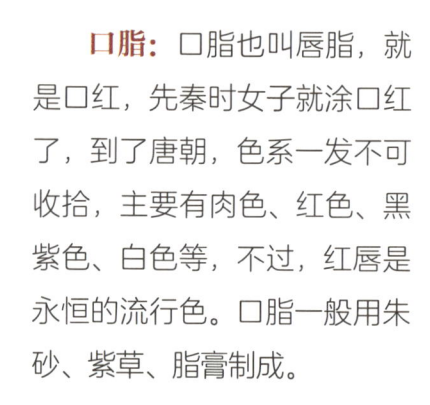

口脂: 口脂也叫唇脂,就是口红,先秦时女子就涂口红了,到了唐朝,色系一发不可收拾,主要有肉色、红色、黑紫色、白色等,不过,红唇是永恒的流行色。口脂一般用朱砂、紫草、脂膏制成。

粉: 最早的粉,是把米磨成细粉,泡在水里发酵,然后用筛子筛出最细腻的米糊,就能擦脸了。"米粉"容易脱妆,于是铅粉被发明出来。这种金属粉能增白,但有一定的毒性。

画眉: 画眉在战国时就出现了,唐朝时,玄宗皇帝曾命画工绘《十眉图》,说明眉形已经很多了,有长眉,也有短眉。画眉前,要把一种叫黛的矿物磨成粉末,之后加水调和,就可以描在眉毛上了,这叫"黛眉",也有用石绿画成"翠眉"的。

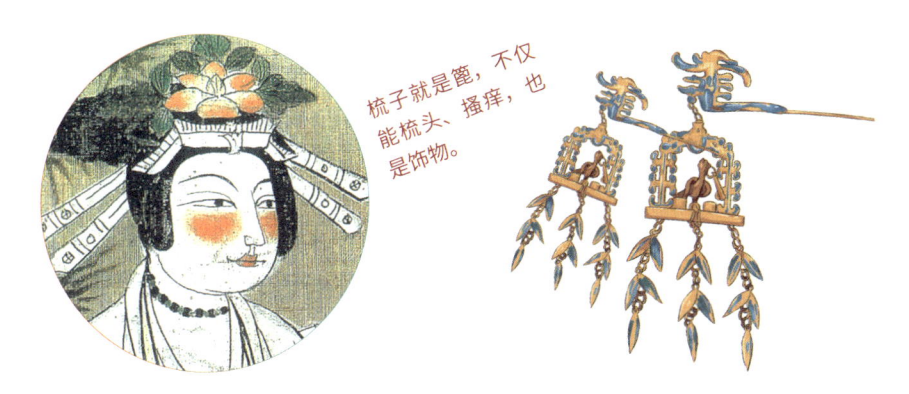

梳子就是篦，不仅能梳头、搔痒，也是饰物。

发饰：远古时代就发明了用来束发的笄（jī），后来礼法规定，女子长到15岁时，要用笄把头发绾起来，表示可以出嫁了，因此，及笄也指女子的成年礼。簪子、钗、步摇、篦等也都是常用的发饰。

这是……蝌蚪胡……不知道怎么才能剪出来……

花钿：花钿是贴在眉间或脸上的妆饰，有的用金箔剪成，有的用纸、鱼鳞、蜻蜓翅膀等制成。贴花钿之前，一般要"开额"，就是剃掉额前的一些头发，使发际线提高，前额变宽，否则贴上就太挤啦。

胡须：爱美不仅是女人的天性，男人也爱美，连胡须也不放过。胡须的样式有络腮大胡、一字胡、山羊胡、上翘的八字胡、下垂的八字胡、箭矢一样的八字胡……一时还数不过来呢。

簪花：簪花历史久远，可以是鲜花，也可以是假花。唐朝时，有的男子也簪花，宋朝几乎男女老幼都簪花。

五代·吉祥天女·榆林窟第16窟

我是一个缝制冠帽的匠人，地位低微，但我热爱我的工作，愿意把美和温暖带给大家。你知道吗？帽子是从巾演变而来的。最早，人们用巾擦汗，后来，为了遮挡阳光、风沙或抵御严寒，人们把巾裹到头上，慢慢成了帽子。

我是一个制帽匠

古代"帽子"知多少

冕很古老，之后，有了冠。巾也叫巾帻（zé），隋唐时的幞头就是由它演变而来的，乌纱帽则是由幞头演变而来的。

通天冠：冠前饰有山和述，述是一种水鸟，下雨前会鸣叫，由于其知天时，被用作帝王的帽饰。

远游冠：很像通天冠，但是没有山和述。当帝王戴通天冠时，太子和诸王戴远游冠。

进贤冠：文官和知识分子戴的礼冠，文官有推荐人才的责任，所以叫进贤冠。

平帻小冠： 平顶的头巾上，戴一个小的发冠，简洁周正。

软脚幞头： 两根带子用黑纱罗制成，因为纱罗柔软，带子（幞脚）下垂，所以叫"软脚"。

折角幞头： 幞脚弯曲，好像折断了一样，别有情趣。

软脚透额罗幞头： 幞头盖在额头上，黑丝很薄，能看到皮肤，设计别出心裁。

展脚幞头： 硬脚幞头的一种，幞脚用铁丝或铜丝制成，平直地向外延伸，就像蜻蜓的翅膀。

黑介帻： 包耳头巾，黑色，尖顶，可和通天冠一起使用，也可单独使用。

胡帽： 一袭红衣，一顶胡帽，骑驴春游……这位女士太酷了。胡帽是游牧民族所戴的帽子，传到中原后，备受女子喜爱。有的胡帽下搭配头巾，有的胡帽四周垂有流苏，既有迷离之美，又能抵御风沙，防止别人窥视。

兽头帽： 这位穿铠甲的大叔，头上这顶萌萌的帽子当真耀眼哦，看起来像虎头帽，又有点儿像狮头帽……

语言学告诉你

巾帼原是一种头饰，里面扎金属丝或竹木片，外面裱着巾，后世将它引申为对女子的尊称，如"巾帼英雄"。

23

古代"鞋履专柜"

虽然我是专业制帽匠,但我也能制履,履就是鞋。你们现在的鞋子可能花样百出,我们也有很多样式的鞋子,而且还是专人定制、纯手工的。

乌皮靴:把皮革染成黑色,然后缝制成鞋,在唐代一直霸居男鞋排行榜榜首。

歧头履:汉朝时就出现了;鞋头呈分叉状,鞋头翘起两个尖,像长了两只小耳朵,奇特可爱。

高鼻履:鞋子前头微微隆起,就像隆起的鼻子,为露脚背的男鞋,很像现在的船鞋,设计感十足;后来传入日本,直到近代,还有日本僧人穿它。

麻草鞋:用麻、草等植物编织而成,也是一种流行款,从商周到唐朝,一直没有过时。

历史学告诉你

古人穿鞋不分左右,两只鞋必须一模一样,这叫直脚鞋。如果两只鞋分出了左右脚,会被视为异端。

古代的鞋子是不分左右脚的。

我还没穿过鞋……

屐：相当于拖鞋、凉鞋。鞋面为草、鞋底为木板的叫草屐，鞋面为丝帛的叫帛屐。

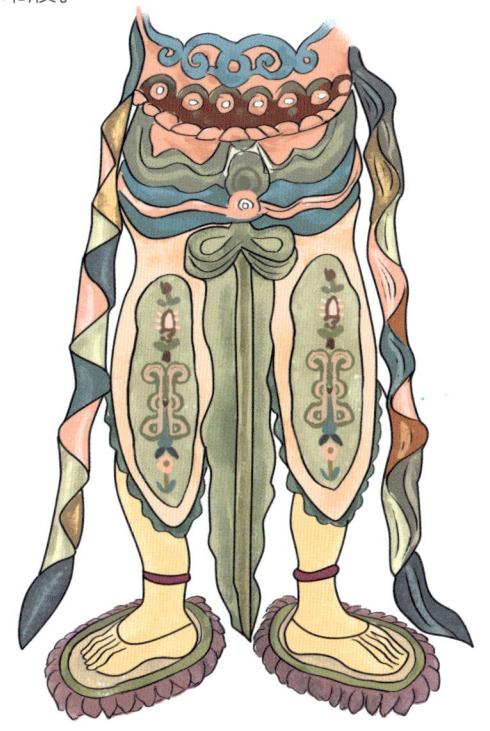

东晋文学家、山水诗派鼻祖谢灵运喜欢旅游、探险，为了便于攀登奇险、陡峻的山峰，他特制了"登山鞋"，就是木制的钉鞋，上山时，取掉前掌的齿钉，下山时，取掉后掌的齿钉，上山下山都分外省力、稳当，被称为"谢公屐"。这大概是最有名的木屐之一了。

菩萨穿的木屐简洁又凉快。

这里是敦煌 世界文化遗产

古代的包包

除了缝制鞋帽，有时我也"兼职"缝制点包。我们的衣服没有兜，随身物品要放在包里。先秦的佩囊，是一种腰包，能放干粮、巾帕等。汉朝的绶囊，是一种方形包。到唐朝时，有专门装笏板的笏囊，相当于高级公文包，还有装印信等物的金鱼袋，是一种鲤鱼形的包……皮包，布包，包包多得超乎你的想象。

荷花花瓣的造型，既是单肩挎包，又是手提包，足以媲美现代包包。

唐·近事女·莫高窟第17窟

想问一下姐姐，你是走累了，才把这只可爱的包挂在树上的吗？

嗯，树上挂的这个包不错，估计能装两个大肘子！

我太想有一个好看的包包了。

这是包包大卖场吗？

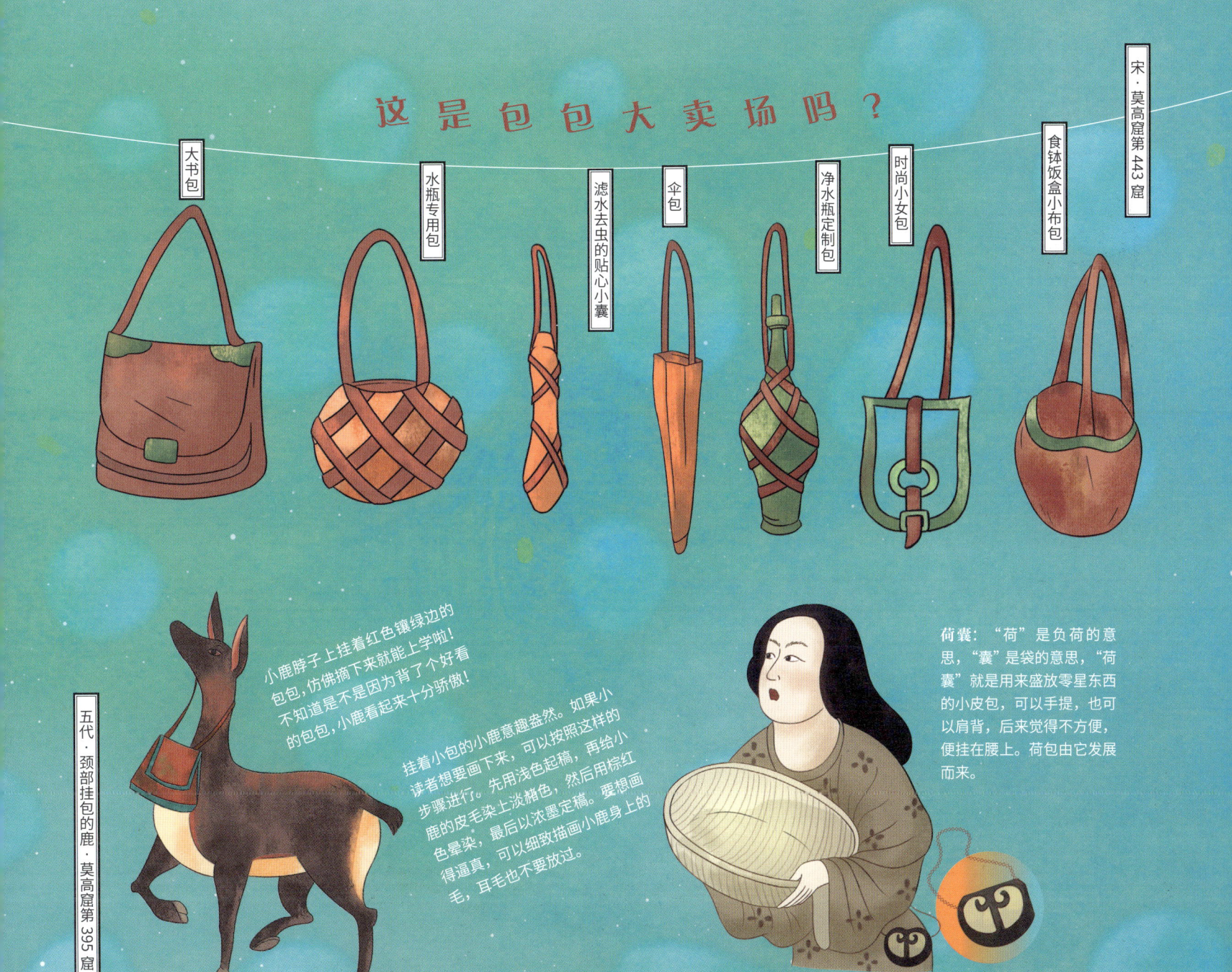

- 大书包
- 水瓶专用包
- 滤水去虫的贴心小囊
- 伞包
- 净水瓶定制包
- 时尚小女包
- 食钵饭盒小布包
- 宋·莫高窟第443窟

五代·颈部挂包的鹿·莫高窟第395窟

小鹿脖子上挂着红色镶绿边的包包，仿佛摘下来就能上学啦！不知道是不是因为背了个好看的包，小鹿看起来十分骄傲！

挂着小包的小鹿意趣盎然。如果小读者想要画下来，可以按照这样的步骤进行。先用浅色起稿，再给小鹿的皮毛染上淡赭色，然后用棕红色晕染，最后以浓墨定稿。要想画得逼真，可以细致描画小鹿身上的毛，耳毛也不要放过。

荷囊："荷"是负荷的意思，"囊"是袋的意思，"荷囊"就是用来盛放零星东西的小皮包，可以手提，也可以肩背，后来觉得不方便，便挂在腰上。荷包由它发展而来。

食·主食

我是一个厨子

我是一个庖（páo）人，也就是厨师，衷心感谢各位客官来捧场，我资历很深，主食副食一起抓！虽然我不是皇宫里的高级职员，但人们说的"高手在民间"就包括我。我的拿手好戏是做饼，来瞧瞧吧，肯定让你垂涎三尺，心动不已！

这里的饼有点儿多

敦煌位于丝绸之路，是一个重要的节点城市，外国人、中原人、西域人在这里交汇，形成了独特的美食风格。敦煌人的主食主要是饼，因为我们爱吃饼，还因为我们这里主要种植小麦。只不过，我说的饼和你理解的饼不一样，我们把所有的面食都叫饼，不管是蒸的还是炸的，有馅的还是没馅的。

我们有 30 多种饼，作为一个专业面点大师，我郑重向你推荐蒸饼。蒸饼有多重要呢？这么说吧，你如果没吃过蒸饼，就等于没来过敦煌。

明明是馒头……

哇，好多蒸饼！

蒸饼： 形同馒头，里面有馅。

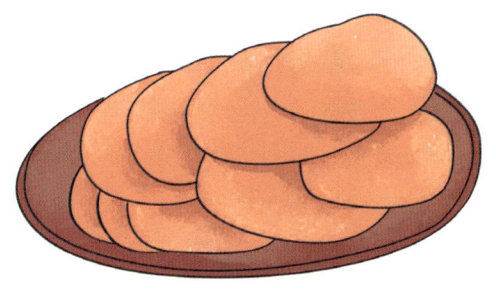

胡饼： 有大有小，有的放油，有的不放油。现在的烧饼和锅盔，它们祖先就是胡饼。有人认为"馕"就是胡饼。

饆饠（bù zhù）： 一种发面饼，类似于你今天常吃的炸油饼。

馓（sǎn）子： 在中原，人们把馓子归为寒食。它是用面搓条炸制的，现在还有哦。

敦煌还流行梧桐饼、汤饼（汤煮的面食）、菜饼（类似包子）、龙虎蛇饼、索饼（类似面条）、小食子（类似小点心）、粥、炒面、麦饭、糌粑、凉面、馄饨、酿皮子、粽子等。敦煌文献中还记载了"须面"，是对挂面的最早记载。

历史学告诉你

古人用胡饼、薄饼（类似煎饼）、灌肠面等供奉鬼神，认为这些食物能使神愉悦，从而谅解、帮助他们，还能使恶鬼吃饱后离开，不作祟。

食·肉食 牛奶

无肉不欢

西域多是游牧民族，几乎每个人都与牧马放羊关系密切，因此，我们西域人喜欢吃肉，特别是羊肉，别提多香了！敦煌有一些肉坊，相当于牛羊肉专卖店，墙壁上的钩子挂满了肉，屋外的桌案上摆着整只羊，屠户会根据顾客的需要割某个部位的肉。

古代中原以农耕为主，牛是"重点保护动物"，汉朝曾专门立法保护牛。牛肉作为高端食材，普通人很少能吃到。

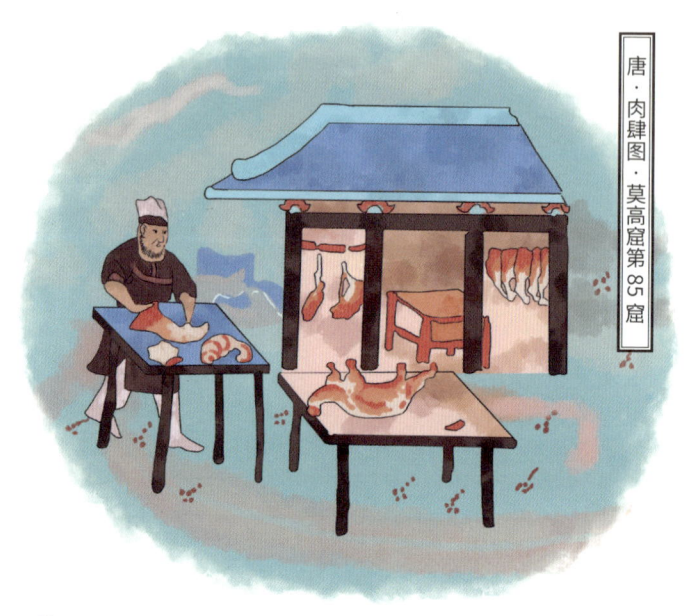

唐·肉肆图·莫高窟第85窟

> 还好我不是普通人……
>
> 你是普通神。

吃肉有几种方法

煮肉是最常见的，烤肉也很多。在中原，商周时就发明了燔（fán）、炮、炙3种烤肉法。燔就是把肉直接放在火上烧；炮是"裹烧"，用草叶或湿泥把肉包裹起来烧烤，有点儿像今天"叫花鸡"的制法；炙就是烤肉串。在西域，这些烤法都有。

古代没有冰箱，为了把肉保存下来，能随时吃肉，我们会把肉腌成肉脯，或暴晒后制成腊肉，或去骨制成肉干，这主意不错吧？

喝奶也疯狂

牛奶可不是你们现代人的专利,敦煌人很久以前就喝上牛奶了。有时候,人们挤出牛奶后,就在荒野煮熟。古代也有很多"吃货",他们奇思异想,把牛奶制成各种美食,如酸奶、奶酪等,或用耙子搅拌、拍打奶酪,打成酥油。来看看牛奶有哪些头号"粉丝"吧。

白居易:融雪煎香茗,调酥煮乳糜。

一个早晨,我一觉睡到天亮,肚子里的馋虫叫嚣着,想吃点儿低调又奢华的早点。于是,我用融化的雪水煮了茶,调制了酥油煮牛奶喝。嗯,还不错。

杨万里:雪韭霜菘酌岁除,也无牛乳也无酥。

除夕,餐桌上除了韭菜,就是大白菜。真希望能来点儿牛奶和酥酪啊。于是,我等,我再等,可是牛奶和酥酪,你们迷路了吗?哎,最终还是错过了。

陆游:槐柳成阴雨洗尘,樱桃乳酪并尝新。

听说楼上有个同行,想吃饺子蘸牛奶,这创意倒是新奇。我倒想雨过天晴时,用樱桃搭配乳酪尝尝。

张岱:余自豢(huàn)一牛,夜取乳置盆盎,比晓,乳花簇起尺许,用铜铛煮之,渝(yuè)兰雪汁,乳斤和汁四瓯(ōu),百沸之。

听说诸位爱喝牛奶,我不,我还爱喝奶茶。为了喝奶茶,我养了一头牛,自己挤牛奶,做奶茶。煮奶时,加入兰雪汁——我研发的一种茶饮。兰雪奶茶,只我一家,别无分店,味道香甜,馋死个人哟。

唐·挤奶图·莫高窟第159窟

食·蔬菜 瓜果

敦煌人吃什么菜

敦煌人种了十多种蔬菜，有豇豆、萝卜、葫芦、荠菜、韭菜、生菜、茄子、莴苣、葱、蒜等。葱的味道很刺激，在敦煌很抢手，出现了专门的"葱户"，官府要用葱，也得用酒跟葱户换。

葫芦　荠菜　韭菜　葱　莴苣

诱人的瓜果

不是我吹牛，我们敦煌的瓜在汉朝就有名，个儿大，味甜，好吃，上贡给朝廷后，倾倒了一大堆人！《汉书》上都说，敦煌"生美瓜"。除了瓜，中原有的果子在敦煌都有，不信你就来瞧瞧！

传说，东王公和西王母在蓬莱山撒下瓜种，后来，一个道士得到瓜，带到敦煌。敦煌人叫它穹隆，进贡给朝廷。恰好汉明帝的妃子梦到好吃的瓜，吃了穹隆，分外美味。

你都去好多次了……

敦煌到底有多少瓜果，我非要一探究竟不可。别拦我，我去了！

这里是敦煌　世界文化遗产

汉朝时，葡萄就从西域传到了中原，还酿成了葡萄酒。唐朝时，李白写诗表白，希望江水都化成葡萄酒，让他喝 100 年。"葡萄美酒夜光杯"，葡萄酒是奢侈品，只有权贵和奔赴战场的将士才能喝到。

西瓜也是从西域传入中原的，没想到吧？

中原没有石榴，它从西域传到汉朝，多籽的奇特模样，征服了一大批"果迷"。

敦煌的梨很多，东晋时，还有一种"同心梨"，专门进贡皇室。

甘棠就是棠梨，果实小小的，味道酸甜。

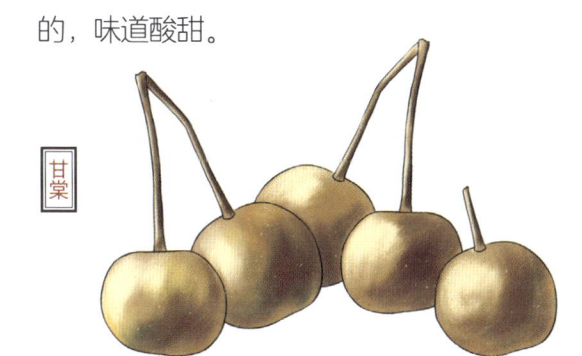

奈（nài）是一种李子，和桃一样，在敦煌很受欢迎。

胡枣很甜，一咬一口阳光的感觉。

食·食制

在哪里聚餐

　　从古到今，聚餐一直少不了。在敦煌，不时要举行宴会。结婚时，一般在帷帐中举行宴会，叫"帐设"。贵族、文人见面时，一般在亭子里举行宴会。公务人员吃吃喝喝时，一般在衙门公府的大厅里，叫"厅设"。

宋·宴会图·莫高窟第61窟

唐·婚宴图·莫高窟第9窟

分食制

很久以前，吃饭时，都是一人一案，各有一份饭菜，这叫分食。大家席地而坐，或者坐在榻上。唐朝时，敦煌的宴会上，大都是对坐吃饭，但菜还是一人一份，只有主食大家共用一个器皿。

从一人一案，到列坐而食，坐在食床边的人也增多了。敦煌流行 6 尺和 8 尺两种食床，6 尺食床两旁能坐 8 个人，8 尺食床两旁能坐 10 个人。

宋·宴会图·莫高窟第 61 窟

在古代，座次是身份地位的象征。"头把交椅"代表地位最高。

五代·宴饮图·莫高窟第 108 窟

合食制

宋朝以前，合食制已经萌芽，但没有大面积传开。宋元以后，合食制开始增多。饭菜的种类也多了，人们开始"围坐而食"，就是合食。宴会人多，在敦煌，大家会轮流坐席。也就是说，这一批客人吃完后赶紧离开，让出座位，另一批客人再上桌，大家轮流吃。

入座时，不能随便坐，靠门口的座位是等级最高的，可以近距离看到外面的歌舞表演，也可以和表演者互动。

食·狩猎

这里是敦煌 世界文化遗产

我是一个住在山里的猎人,每日"与兽为伍",生活充满惊险。但我喜欢狩猎活动,想一想野鹿狂奔、猛虎咆哮,猎人反身张弓搭箭、蓄势待发的一瞬,多么激动人心啊。

我是一个猎人

在很久以前,原始人依靠采集和狩猎填饱肚子。那时没有动物园,人和野兽虫蛇共同生活在荒野深山里。最早的时候,原始人打不过野兽,后来火和工具被发明了,人类终于在搏击中占了上风。

进入文明社会后,食物越来越充实了。但狩猎活动仍未消失,而是演变成了军事训练、娱乐、竞技、强身健体等活动。

读过这首词吗?"老夫聊发少年狂,左牵黄,右擎苍……"大文豪苏轼也曾参与狩猎活动,他一手牵着大黄狗,一手架着苍鹰,真是意气风发。

一个人能狩猎吗

狩猎有很多种形式，人数不固定，可以独猎，也可以双人猎、三人猎，还可以围猎。

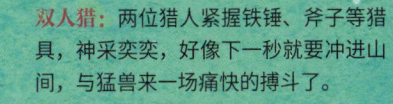

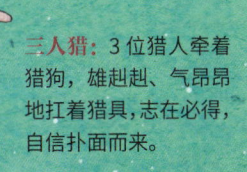

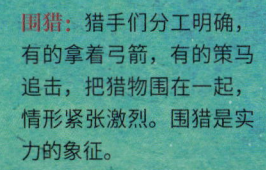

独猎：大鹿飞冲过来，孤独的猎手张开弓箭，屏住呼吸，勇敢面对。

双人猎：两位猎人紧握铁锤、斧子等猎具，神采奕奕，好像下一秒就要冲进山间，与猛兽来一场痛快的搏斗了。

三人猎：3位猎人牵着猎狗，雄赳赳、气昂昂地扛着猎具，志在必得，自信扑面而来。

围猎：猎手们分工明确，有的拿着弓箭，有的策马追击，把猎物围在一起，情形紧张激烈。围猎是实力的象征。

历史学告诉你

原始时代，人类把野狼驯化成狗，由狗帮助自己捕猎，并看家护院。

住·殿堂　宅院

我是一个看门人

我是一个给人看门的人，现在已经垂垂老矣。我的一生中，看过城门、看过宫门、看过寺门、看过地主家的门。在看门的漫长生涯中，我也见识了各种各样的漂亮建筑，生活在这样的地方，真的很开心。

城楼间的城墙相连，有防御作用，也有防洪作用，是城的一道保护屏障。

护城河

桥

五代·五台山地图·莫高窟第61窟

城楼

城墙上的门楼，叫城楼，是一个"城"的标志，虽然房屋内部很简单，但整体上非常雄伟壮丽。

殿堂

在我们敦煌，世家大族地位很高，他们拥有豪华的宫室殿堂。为了看起来更好看，很多殿堂都是对称结构。

你发现没有？房屋是对称的，左边和右边就像照镜子一样。如果你去北京故宫参观过，一定会发现故宫的宫殿布局也是左右对称的。

建筑学告诉你

对称分布的建筑，往往有一条中轴线。一般来说，重要的建筑会建在中轴线上，次要建筑则分布在两侧。

这里是敦煌 世界文化遗产

这是一家地主宅院，不仅有住房，还有畜厩，畜厩里有马和奴仆，宅外还有农人耕地。

宅院

　　敦煌的老百姓很看重家宅，我们都觉得，家宅安定，家庭才能昌盛；家里养的马、牛、羊、猪、狗、鸡越多，就意味着粮食多，养活的人多，家庭也就越兴旺。

快来看这个"动物之家",用墙隔成了6个小"单间",里面分别"住"着马和牛等动物。为什么要分开居住呢?因为不同的动物,生活习惯不一样,还容易造成争斗。

草庵

草庵就是草房子,是一种简陋的住所,只能勉强遮风挡雨,一般都是穷人或奴仆住在里面。也有一些修行者在里面苦修。

三个人的衣着打扮与草庵格格不入,他们是特意到五台山体验清苦生活的修行者。

角楼

一些较大的庭院,在外墙的四角上,各有一座小楼,叫角楼。

建筑学告诉你

圆形房子有一个优点:风吹过时,会沿着圆滑的曲线擦过去,不会给房子造成太大的冲击力。

角楼是一种阁楼,既好看,又实用,有瞭望和防御的作用。

41

住·动物

我是一个驯兽师

我是一个驯养动物的,主要是驯养家畜,有时也驯养宠物。在我们敦煌,动物驯养很早就开始了,至于主要有哪些动物,你看看就知道了。

鹰: 敦煌人驯服鹰后,把鹰架在手臂或肩上,由鹰帮助捕猎。

马: 敦煌人的亲密伙伴,不仅承担交通工具的重任,还奔赴战场,或帮忙打猎等。

牛： 不仅能帮助敦煌人耕作，还能参与狩猎，你没想到吧？

狗： 与马、牛、羊、猪、鸡并称"六畜"，既能看家护院，又能帮助打猎。

大象： 默默无闻的"物流"高手，经常带领西域商队行进。

羊： 羊妈妈耐心站立，小羊跪地吮吸乳汁，敦煌人画的这个场景，表现了"母慈子孝""跪乳之恩"的主题。

骆驼： 丝绸之路上的主角之一，敦煌人最重要的交通工具，能负重前行，忍饥耐渴，被誉为"沙漠之舟"。

这里是敦煌 世界文化遗产

我所生活的敦煌，群山起伏，因此，我们经常会与各种野生动物邂逅。

鹿： 鹿在敦煌的地位很高，是敦煌动物界的"老大"，相传九色鹿王是释迦牟尼的前生。

狮子： 亚洲狮原生长于西亚、中亚、印度一带，经过丝绸之路传到西域、中原，敦煌人把它视为"人中的雄杰或导师"，不仅把它画得威猛，还把它画得乐呵呵的，憨态可掬。

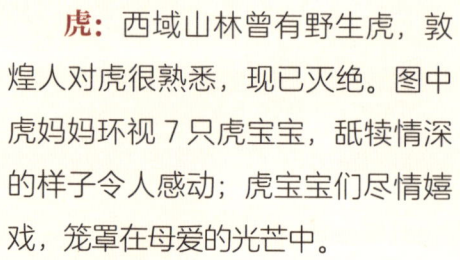

什么事笑成这样……

虎： 西域山林曾有野生虎，敦煌人对虎很熟悉，现已灭绝。图中虎妈妈环视7只虎宝宝，舐犊情深的样子令人感动；虎宝宝们尽情嬉戏，笼罩在母爱的光芒中。

野猪： 猪妈妈走在前面，好像在觅食，又好像在散步；6只小猪崽跟在后面，寸步不离，像不像我们小时候跟着爸爸妈妈的样子？

猕猴： 丝绸之路漫长、艰险而寂寞，很多粟特人会带着猴子为伴，猴子也是预防强盗的"哨兵"。

鹦鹉： 羽毛艳丽，聪明伶俐，能学人说话，佛教中，很多菩萨都曾化身为鹦鹉，敦煌人认为它能带来吉祥福瑞。

孔雀： 羽冠蓝绿，尾羽艳丽，上面还长着很多"小眼睛"，备受敦煌人尊崇。汉朝时，孔雀作为贡品，传入中原。

大雁： 天鹅类，又叫野鹅，当它们迁徙时，排成"一"字形或"人"字形掠过敦煌上空，为苍莽的边城添上了一抹诗意。

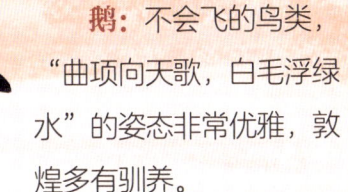

鹅： 不会飞的鸟类，"曲项向天歌，白毛浮绿水"的姿态非常优雅，敦煌多有驯养。

45

住·植物

植物小伙伴

在我们的住宅内外,陪伴我们的还有一些特殊的小伙伴——植物。有些植物是"进口"的。

菩提树:桑科,榕属,"幼年"时附生在别的树上,树叶为倒三角形,像一枚枚小桃心,被称为"滴水叶尖"。传说佛祖释迦牟尼在菩提树下修成正果,菩提树被视为"神圣之树"。

历史学告诉你

菩提树原生于印度,南北朝时,僧人智药三藏大师从印度带回菩提树。"菩提"的意思是觉悟、智慧。

娑罗树：从印度传入，气味芳香，树高可达 30～35 米，为佛教圣树之一。玄奘曾亲手种植一棵娑罗树。

柳树：多为灌木，枝条婀娜下垂，姿态优美，且寓意吉祥，佛教认为可以驱灾辟邪，僧人做法事时会用柳枝蘸水洒向大地，观音菩萨的玉净瓶里也插着柳枝。

松树：松针簇簇向下，树冠不紧凑，显得"蓬松"，"松"字恰好形容了树冠的特征。松树"长寿"，敦煌人也非常喜欢。

唐·善友太子本生·莫高窟第 85 窟

住·日常洗漱

我是一个挑担子的,帮人挑重物。虽然干的是力气活儿,但我很注意个人卫生。大家都说,新的一天要"从头做起",我每天也是"从头做起",坚持刷牙洗脸,还不时洗澡、洗发,呈现给客户一个清爽的形象。

我是一个挑夫

我以为"笑不露齿"是因为没刷牙呢。

用什么刷牙

没有牙刷的年代,我们用手指蘸盐或药粉来清洁牙齿。后来,有人把树枝的一头咬得松散开,蘸上药粉,擦拭牙齿。这叫"齿木"。唐宋时,人们把马尾或猪毛剪短,用来刷牙,这下给力多了。

唐朝牙刷

敦煌这里是世界文化遗产

这姿势！是刷牙刷出洪荒之力了吗……

服侍人刷牙也好累呢！拿着毛巾站了好久……

两手各拿一根树枝，右手中的树枝横在牙前，猜猜他在做什么？答对了！他在用树枝当牙刷刷牙！

历史学告诉你

汉朝时，官员有"法定假期"，每上5天班，就休息1天，把自己洗干净。这一天叫"休沐"。正所谓"三天具沐，五天具浴"。

古代"澡堂子"

我们把洗澡称为"浴"，有时在河里洗，有时在家里用木盆盛水洗。有的权贵还把洗澡之所设在果林中，四周有围墙，防风保暖，还有排污水的通道。

纯天然"洗发水"

洗头发时，我们会使用皂荚、草木灰和土碱，天然又环保。有时也会将粟黍等植物煮成汁水洗头发。这种"洗发水"，还能"兼职"洗面奶，洗脸，洗胡须。

理发

头发也是经常要理的，胡须也不能放任它一味生长。敦煌有很多僧人，经常给人落发，足以媲美一流发型师。

在伸手比"耶"，是表示满意吗？

跷腿托腮，歪头沉思。嗯，理发时是思索人生的好时候。

穿着大花短裤，大幅度下腰，脑袋扎进盆里，这位叔叔洗头太高难度了。

为什么对着一个浴盆愁眉苦脸？原来刚做了一个新造型，剃了光头，水中的倒影似乎不太令人满意……

49

住·婚俗 葬俗

我是一个新娘

我是一个刚刚举办过婚礼仪式的新娘,我的情绪非常激动。你们想想,从一个少女到一个妻子,这是多么大的变化啊;我还要告别我熟悉的家,告别陪伴我十几年的美丽的植物、可爱的动物,我能不激动吗?

今夜我要嫁给你啦

与你想象的不一样,我们的婚礼并不是在白天举行,而是在夜晚举行。你印象中的新娘应该穿着红色礼服吧?我们不是这样的。我就穿着一件青绿色的礼服。在唐朝,新郎要穿绯红色,女子要穿青绿色,这就是红男绿女。

女性的地位

我们敦煌女性的地位是很高的,在拜堂的时候,新郎要五体投地,行跪拜之礼,新娘只要双手合十、屈膝欠身就可以了。

语言学告诉你

"婚姻"二字在古代写成"昏因",意思是新郎在昏时娶妻,新娘因新郎而来。

奠雁之礼

在婚礼上用雁从春秋战国时就开始了，意思是：妻子要像大雁一样顺从丈夫，像大雁列队飞行一样遵守礼法；大雁又叫义雁，一只大雁死后，另一只大雁不再择偶，婚礼用雁寓意夫妇白头偕老，从一而终。

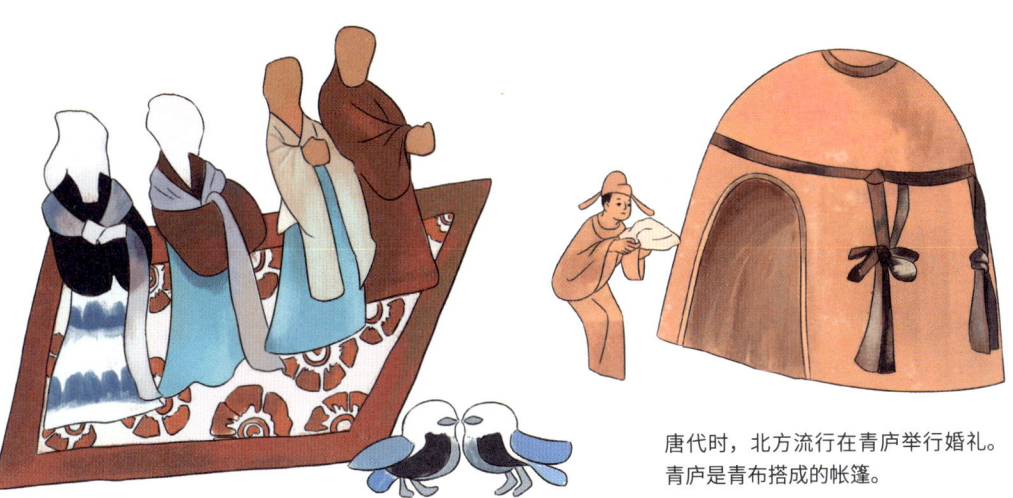

唐代时，北方流行在青庐举行婚礼。青庐是青布搭成的帐篷。

老人入墓

有人新婚，也有人去世，生命就在喜与悲之间轮回。在敦煌，当有人感到自己快要离世时，会进入坟墓，与亲人告别；告别后，便与外界断绝往来，直到离去。

唐·各国王子举哀·莫高窟第158窟

唐朝末年，吐蕃人占领敦煌，下令汉人和少数民族都"辫发易服"，穿吐蕃服饰。老人临终前穿戴汉服，表达出对大唐王朝的怀念。

老人一袭白衣，安详地坐在墓床上，与亲人执手告别。

亲人悲伤痛苦，有的用巾擦泪，有的用袖掩面，有的趴地叩拜。

唐·老人入墓图·榆林窟第25窟

极度的悲伤

北方游牧民族中，还有一种特殊的哀悼习俗——割耳劓（lí）面，也就是割伤自己，用激烈的方式表达内心极度的痛苦和悲伤。

51

这里是敦煌 世界文化遗产

住·节俗

我是一个小顽童

我是有名字的,但是因为我调皮、淘气,所以,家里人都叫我小顽童。我出生在敦煌,童年也在敦煌度过。告诉你一个秘密:我最喜欢过节啦,因为节日里有很多好吃的东西,还有很多有趣的活动。

新年怎么过

每一年的大年初一,大人都要祭天、祭祖,还有官方踏舞表演,各种乐器发出的声音汇合成美妙的旋律。立春这一天,要在郊外迎接春神。你想想吧,我跟着人群城里城外跑来跑去,左看右看,比那小驴子还欢腾呢。

元宵节燃灯

你听过"火树银花"这个词吗？告诉你，我几乎每年都能看到。每年的上元节（元宵节），莫高窟鼓乐齐鸣，点燃灯笼、灯轮、影灯（走马灯），真的是火树银花呢！

大彩灯：每一层要放很多灯碗，灯太高了，需要一人踩在桌子上，由下面的人递碗给他，才能摆放上去。

祭风伯

告诉你一个神秘的地方，在敦煌城的西北角，有一个神舍，那就是风伯的家。每一年立春后，第一个丑日，敦煌人都要祭祀风伯。我最喜欢风伯了，因为他实在太拉风了。在神话里，他抱着一个大风囊，光着脚狂奔，飘带都飞起来，让人感觉风驰电掣。

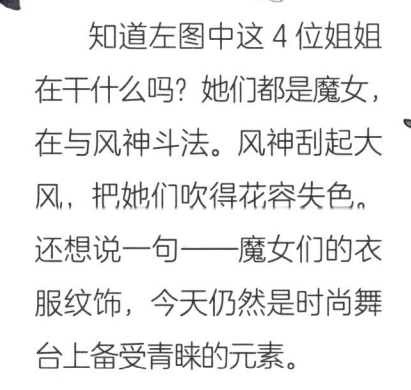

端午节斗百草

端午节的时候，我和小伙伴们会斗百草。大家采摘花草，比谁采到的花草最美丽、最名贵；还可以把两根草十字交叉，用力拉扯，比赛谁的草能把对方的拉断。

知道左图中这4位姐姐在干什么吗？她们都是魔女，在与风神斗法。风神刮起大风，把她们吹得花容失色。还想说一句——魔女们的衣服纹饰，今天仍然是时尚舞台上备受青睐的元素。

这里是敦煌
世界文化遗产

住·百戏

我是一个百戏演员，从事伎乐工作。我有很多同事，个个身怀绝技，总能给大家带来惊喜和欢乐。我们有时被请到宫殿里或宅院里表演，有时就在大街上表演。你可能很疑惑什么是百戏，这么说吧，平时你在电视节目中看到的杂技表演和乐舞表演，在古代就叫百戏。

我是一个表演者

叠罗汉： 一种人上架人的表演。最早由盘腿而坐的罗汉一层层叠成，所以叫叠罗汉。

翻筋斗、倒立： 这是个高难度运动，有人甚至要单腿站在翻筋斗的人身上，还有人可以单手倒立。倒立在古代叫倒植、掷倒、拿顶。

历史学告诉你

汉朝时，有人在桌案上倒立表演，因为是来源于安息（今伊朗地区）的柔术，故被称为"安息五案"。现在杂技中的叠椅倒立便是由此而来。

戴竿：表演者用头顶竿，竿顶上架着一根横木，竿上有人攀爬，有人倒挂，有人悬垂，有人做水平动作，有的还要变出桃子，带有魔术性质，动作都很惊险，旁边有人拿着一根长竿导指挥。

橦（chuáng）技："橦"有杆的意思。固定一根长杆，有的会在杆顶放一个圆盘，一人用一只脚踩圆盘，另一人站在他的头上。保持平衡，金鸡独立，难度很大。

相扑：现代奥运会的项目里就有相扑。相扑起源于角抵（dǐ），类似于摔跤。古代男女都能参加相扑运动，唐朝时，相扑传入日本。

举重：举重是武力的象征。敦煌壁画上有一位悉达太子，能单手举钟。有一天，他走到城门时，被一头大象拦住去路，于是直接将大象举了起来。

马术：马术表演是一种体育项目，在古代就能见到。有人能站立在飞驰的马背上举重；有人能在疾驰中俯下身子，捡起地上的马鞭；有人能双手同时拉开两张硬弓。

住·游戏

民间游戏

除了观看百戏，人们自己也有很多游戏，五花八门，我有时也会玩。

围棋： 在古代，下棋不仅是娱乐，还能体现一个人的文化素养。古人把争胜负的掷骰子和下棋称为"博戏"。

捶丸： 又称"步打"，起源于唐代，类似于今天的曲棍球，要用球杖把小球打进洞里。这个儿童弯着腰，正要击球，球杖的顶端弯弯的，叫月杖。

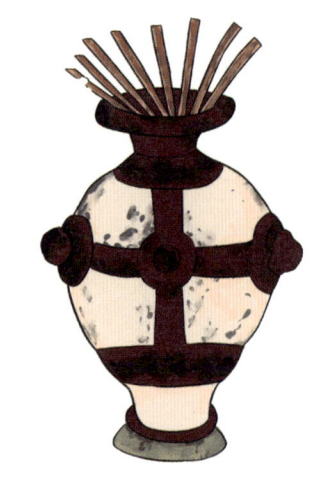

投壶： 春秋战国时，有一个射礼，就是请客人射箭。有人不会射箭，就用箭投入酒壶代替。时间长了，投壶取代射箭，就是把箭往壶里投，谁投中的多，谁获胜。

斗鸡： 听说过斗蛐蛐、斗花斗草吧？在古代，万物皆可斗，还有斗鸡。瞧这两只大公鸡雄赳赳，气昂昂，羽毛都竖了起来，一场激战就要开始了。

历史学告诉你

古人把球称为"鞠"，今天的踢足球，在古代叫蹴鞠（cù jū）。古人还喜欢玩"击鞠"，就是打马球。由于很多人不会骑马，这种击球游戏就演化成"步打球"——捶丸。

我小时候也玩过骑竹马。

你有小时候吗？你不是一出生就这么大吗？

骑竹马：顽皮的孩子们喜欢玩骑竹马，就是把一根竹竿当马骑，竹梢可以当马鞭。敦煌壁画有一幅供养人像，在一群严肃的贵族女性行列中，有一个小顽童骑着竹马窜来窜去，他还抬头向上，调皮地仰望妇人，充满了生活气息。

木偶：木偶在汉朝就有了雏形，唐朝时已经很成熟，有一种是布袋木偶，只要把手伸入布袋，用手指和手掌操纵木偶，木偶就能表演了。

唐·骑竹马图·莫高窟第9窟

聚沙成塔：几个小伙伴在一起，有的坐在地上堆沙子，有的把沙堆向上推，有的踮起脚，想让自己更高一点儿，这样就能堆得更高啦！这种活动现在叫沙雕，古代叫聚沙成塔。

语言学告诉你

"聚沙成塔"也是一个成语，比喻积少成多，可以与"集腋成裘"一起使用。

这里是敦煌
世界文化遗产

住·乐舞

我是一个粟特人，一个经常巡回表演的专职舞伎。我既能领衔独舞，又能参与大型舞蹈直播，人们都给我点赞，说我跳起舞来气象万千，令人心驰神往。这都要感谢我从小的苦学，更要感谢敦煌壁画上的舞姿给我的灵感。

我是一个舞伎

世界唯一的敦煌舞

敦煌舞包含了中原、敦煌本土、西域、国外的舞蹈元素，在整个世界都是独一无二的。你要问我最喜欢的是哪一种舞姿？我还是更喜欢我们粟特人常跳的胡旋舞。

胡旋舞： 指胡人跳的飞速旋转的舞。它的特点是高速旋转。而且，要在圆形"舞筵"（小块绒毯）上跳，不能跳出小毯，还要挥舞彩带，令人联想到白居易诗中"回雪飘飖转蓬舞"的意境。

天宫伎乐： 在天国里欢愉起舞，表现了对美好世界的向往。

世俗乐舞： 敦煌人现实生活中的日常舞蹈，婀娜可爱。

飞天伎乐： 在空中翩然而舞，寓意幸福和欢乐。

历史学告诉你

在中国，"飞天"一词最早出现于《洛阳伽（qié）蓝记》，此书为南北朝人杨衒（xuàn）之所著。

历史学告诉你

敦煌莫高窟有壁画的洞窟有 492 个，其中有 240 多个窟中有乐舞壁画，几乎占了一半，堪称古代乐舞的"百科全书"。

唐·大型经变乐舞之反弹琵琶·莫高窟第 112 窟

大型经变乐舞： 经变是指描绘佛经故事的图画，图上仙人舞动，四壁生风。

行·车辆 客栈

我是一个身世显赫的贵族，生活富足，衣食无忧，就连平日去亲戚朋友家串个门，也有多种出行工具为我服务。你们可能想象不出在1000多年前的唐朝车辆有多豪华，我们既有畜力车，也有人力车，中途累了，还有旅馆可以歇脚。

> 我是一个贵族

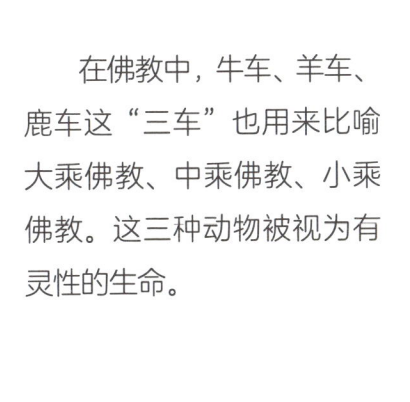

在佛教中，牛车、羊车、鹿车这"三车"也用来比喻大乘佛教、中乘佛教、小乘佛教。这三种动物被视为有灵性的生命。

马车： 带卷篷的马车可以遮风挡雨，马可以随时卸套休息。

鹿车、羊车： 鹿和羊行走不快，溜溜达达，可以和牛车组成车队，也非常豪华壮观。

牛车： 车厢富丽堂皇，坐在里面慢悠悠地欣赏沿途风光，安逸而舒适。

在现实世界中，牛、羊、鹿、马等动物也是人类的好朋友。其中，牛的本职"工作"是农耕，拉车算"兼职"；马"能文能武"，打仗时能冲锋陷阵，和平年代能埋头驮运。

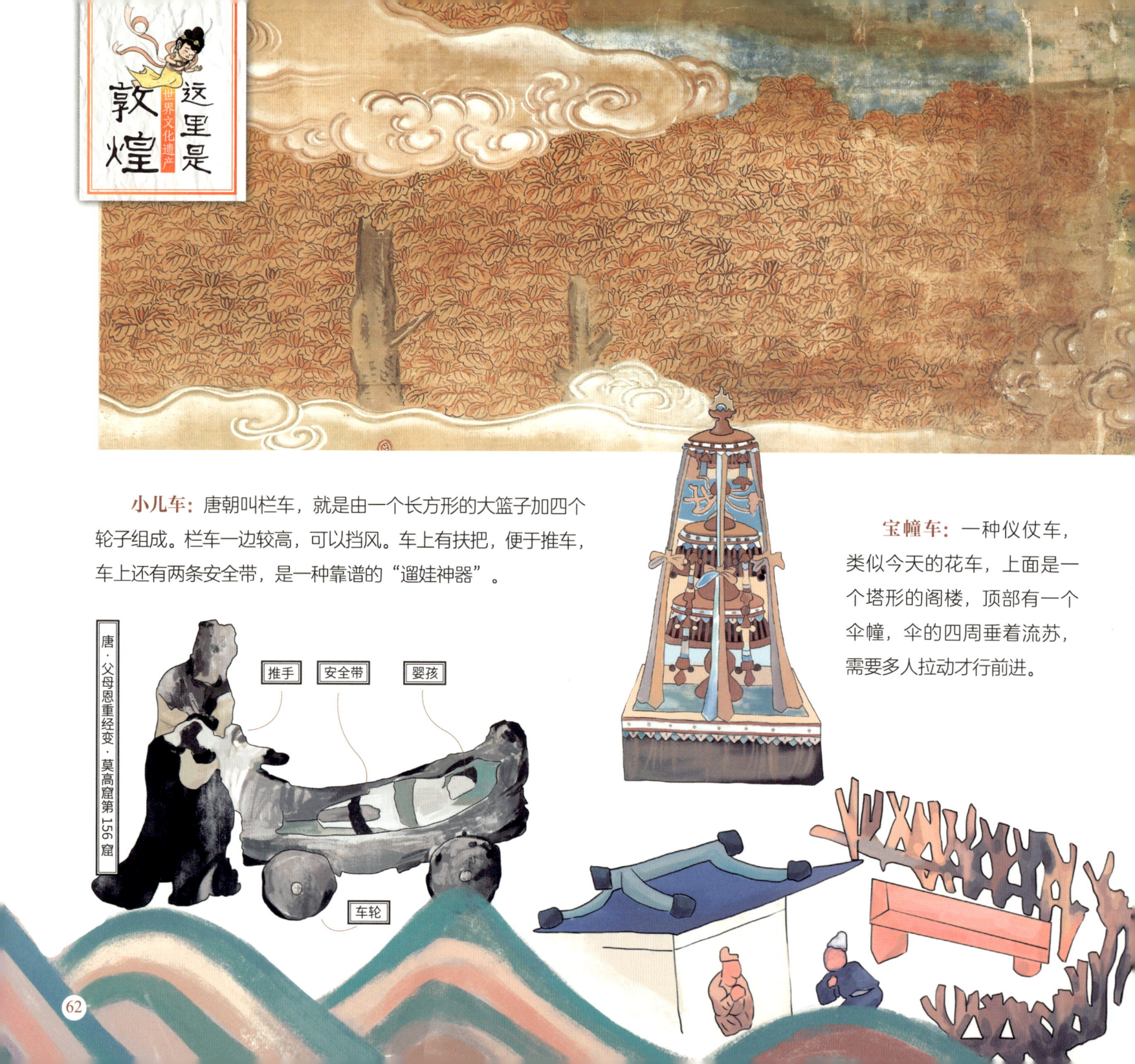

这里是敦煌 世界文化遗产

小儿车： 唐朝叫栏车，就是由一个长方形的大篮子加四个轮子组成。栏车一边较高，可以挡风。车上有扶把，便于推车，车上还有两条安全带，是一种靠谱的"遛娃神器"。

唐·父母恩重经变·莫高窟第156窟

推手　安全带　婴孩

车轮

宝幢车： 一种仪仗车，类似今天的花车，上面是一个塔形的阁楼，顶部有一个伞幢，伞的四周垂着流苏，需要多人拉动才行前进。

是的,你没看错,在敦煌壁画中,很多菩萨都是以云为"座驾",直接踏着云就来了。

椅轿

肩舆

客栈: 路途中,常有客栈。有的很简陋,甚至用篱笆作为院墙,但里面可以提供食宿,还有可以喂牲口的木槽,对旅行者来说,已经非常珍贵了。

肩舆: 就是轿子。轿子由车演化而来,是安装在两根杠上的床、座椅、座兜、睡椅等,有的有篷,有的没有篷,可以人力抬,有时也使用畜力。

63

图书在版编目（CIP）数据

这里是敦煌. 3 / 文小通著. — 北京：文化发展出版社，2023.9
ISBN 978-7-5142-3945-4

Ⅰ. ①这… Ⅱ. ①文… Ⅲ. ①敦煌学－少儿读物 Ⅳ. ①K870.6-49

中国国家版本馆CIP数据核字(2023)第048527号

这里是敦煌 3

作　　者：文小通

出 版 人：宋　娜	责任印制：杨　骏
责任编辑：肖润征	责任校对：侯　娜
特约编辑：鲍志娇	封面设计：于沧海

出版发行：文化发展出版社（北京市翠微路2号 邮编：100036）
网　　址：www.wenhuafazhan.com
经　　销：全国新华书店
印　　刷：河北朗祥印刷有限公司

开　　本：889mm×1194mm　1/16
字　　数：90千字
印　　张：12.5
版　　次：2023年9月第1版
印　　次：2023年9月第1次印刷

定　　价：129.00元（全3册）
ＩＳＢＮ：978-7-5142-3945-4

◆ 如有印装质量问题，请电话联系：010-68567015